DE LA
POLITIQUE
A L'USAGE DU PEUPLE,
DE M. F. LA MENNAIS.

PAR M. PAULIN LIMAYRAC.

Paris.

G.-A. DENTU, IMPRIMEUR-LIBRAIRE,
rue des Beaux-Arts, nos 3 et 5;
ET PALAIS-ROYAL, GALERIE VITRÉE, No 13.

1840.

DE LA

POLITIQUE

A L'USAGE DU PEUPLE,

DE M. F. LA MENNAIS.

PAR M. PAULIN LIMAYRAC.

Paris.

G.-A. DENTU, IMPRIMEUR-LIBRAIRE,
rue des Beaux-Arts, nos 3 et 5;
ET PALAIS-ROYAL, GALERIE VITRÉE, No 13.

1840.

PARIS.—IMPRIMERIE DE G.-A. DENTU,
3 et 5, rue des Beaux-Arts.

Les classes populaires sont exclues du Gouvernement.

Les partisans des doctrines républicaines considèrent cette exclusion comme un crime de lèse-humanité, et demandent sans relâche qu'on se hâte de réparer cette injustice, en remettant au roi légitime, c'est-à-dire au peuple, un sceptre trop long-temps usurpé.

Les partisans des doctrines monarchiques considèrent cette exclusion comme une nécessité sociale, et sont convaincus que le sceptre, aux mains du peuple, serait aujourd'hui une arme à deux tranchans avec laquelle il se blesserait, et blesserait la société tout entière.

M. de La Mennais est, de nos jours, le représentant le plus illustre des doctrines républicaines. En réfutant ses livres, j'ai essayé d'établir la fausseté des doctrines ultra-démocratiques, puis de prouver que la seule prédication de ces doctrines produisait un mal peut-être irréparable, et que leur application serait pour la France le plus grand de tous les malheurs.

Cela dit, une autre question s'est présentée naturellement, la question de savoir si les partisans des doctrines opposées font tout ce qu'ils peuvent à l'égard des classes populaires; s'ils ne restent pas au-dessous de leur mission; s'il suffit de réprimer les émeutes dans les rues, et s'il ne vaudrait pas mieux les prévenir de loin, en attaquant le mal dans sa source, c'est-à-dire dans l'esprit; c'est ce que j'ai examiné dans un écrit qui paraîtra sous peu de jours, et qui a ce titre : *Lettre à un homme d'État, sur l'éducation du peuple.*

Dans ma Réfutation des doctrines révolutionnaires de M. de La Mennais, et dans ma Lettre à un homme d'État, quoique je sois en lutte ouverte avec ceux qui se donnent le nom d'amis du peuple, j'ai été animé, je puis le dire, d'une profonde sympathie pour les classes populaires.

Aujourd'hui moins que jamais, dans cette vaste anarchie des intelligences, on a le droit de garder pour soi une idée qu'on croit juste et qui peut être utile. Qui que nous soyons, gardons-nous bien d'imiter l'égoïsme du vieux Fontenelle : ouvrons notre main, si elle contient une vérité.

PAROLES
d'un Croyant.

* *

PAROLES D'UN CROYANT (1).

ENTREZ dans une église de village, à l'heure du dimanche où l'humble prêtre

(1) Les morceaux qui composent cette brochure ont été écrits séparément, sans vue d'ensemble, et ils sont placés par ordre de dates et non par ordre d'idées. Chaque morceau a paru à la suite de chaque ouvrage de M. de La Mennais, non pas qu'on ait eu la prétention d'établir une lutte. La sentinelle qui pousse son cri vigilant, à chaque nouvelle invasion de l'ennemi, n'a pas la prétention de lutter seule contre un corps d'armée. L'auteur de ces morceaux est une sentinelle, M. de La Mennais est une armée.

monte dans sa chaire. Voyez cette foule recueillie qui a consacré tous les jours de la semaine aux travaux les plus rudes, et qui, au jour du repos et de la prière, vient recevoir l'enseignement catholique! Les murs de l'église sont nus, l'autel est pauvre; il y a là cependant, sous la voûte de ce temple, d'immenses trésors; il y a des cœurs simples. Le prêtre n'a pas recours aux délicatesses de l'art de la parole; il ne possède aucun des prestiges du talent, mais il parle au nom de l'Eglise, et sa parole fortifie et améliore cette foule, ignorante comme l'enfance, mais qui a la foi de Pascal!

Entrez dans une église de Paris ou de Rome, à Notre-Dame ou à Saint-Pierre, un jour de solennité religieuse. Quelle pompe! quelle magnificence! Mais cette richesse n'efface pas aux yeux du Dieu qui juge les intentions, la pauvreté de l'église de village. Un prêtre s'avance vers la chaire richement parée; c'est un prince de l'éloquence. Ecoutez-le; il s'adresse aux intelligences les plus élevées. Qu'enseigne-t-il? Ce que l'humble desservant enseigne aux humbles habitans des campagnes.

Que l'église soit riche ou pauvre, l'orateur célèbre ou inconnu, doué ou dépourvu d'éloquence, l'enseignement qui descend de la chaire catholique est partout le même. Il y a solidarité entre tous les prêtres de l'Evangile, et solidarité si complète, que l'on peut dire qu'il n'y a qu'un prêtre. S'il est vrai, et qui en doute? que la religion soit l'âme des sociétés, le sacerdoce est la sommité la plus élevée où puisse atteindre le génie humain; mais le sacerdoce n'existe qu'à la condition d'être *un;* donc on n'est prêtre que si l'on s'enferme, comme dans un sanctuaire inviolable, dans cette magnifique unité du sacerdoce, ou, pour mieux dire, de l'Eglise. Dès que dans la mélodie divine de la religion catholique on change ou on déplace une note, une seule note, on tombe dans le schisme. Tant qu'on ne fait qu'un avec tous, on est dans la foi, on n'est dans la foi qu'alors seulement. Or, voici qu'un philosophe qui ne croit pas à la divinité du christianisme, a salué de cette vive apostrophe l'auteur des *Paroles d'un Croyant :* « Vous êtes le seul prêtre de l'Europe! » On ne pouvait plus spirituellement, et en moins de mots, donner au Croyant un brevet de Schismatique.

Le Croyant est seul contre l'Eglise tout entière! il proteste aujourd'hui contre la Raison de l'Eglise, dans laquelle il s'absorbait hier. Il s'agenouillait hier au Vatican, aujourd'hui le successeur de saint Pierre parle, et il ne l'écoute pas. Il pouvait hier prêcher ses doctrines dans toutes les églises catholiques de l'univers, il ne pourrait prêcher ses doctrines nouvelles que dans une église bâtie de ses mains, et qui daterait de lui!

Ici nous ne marchons pas dans l'ombre; nous n'avançons pas à tâtons dans des routes ténébreuses, aux inextricables embranchemens. Nous sommes en plein jour, sur une grande route en ligne droite. Et il est bien facile de constater si l'on suit la route ou si l'on dévie, c'est-à-dire si l'on marche d'un pas ferme et sûr dans la foi, ou si l'on s'engage dans le protestantisme. Le protestantisme a ses degrés. Le protestant par excellence, est celui qui est seul contre tous. C'est le sort du Croyant, qui, malgré les apparences, est seul et bien seul de son bord. Qu'il ne soit pas dupe d'une illusion, et que les applaudissemens qu'on lui prodigue de certain côté, ne servent pas à lui faire prendre le change. Il n'a d'abord entraîné personne dans sa défection, et s'il a été reçu à bras ouverts par ses anciens ennemis, ce n'est pas qu'ils aient embrassé ses convictions, c'est qu'il a embrassé les leurs; il s'est converti à la Convention, mais du côté de la Convention il n'a converti personne à l'Evangile. Son éclectisme n'a pas fait école, et il est seul à rêver une alliance que les parties intéressées repoussent, pour des motifs bien différens, avec la même énergie. Cette alliance, énergiquement repoussée par tous, il l'impose à l'Eglise comme un devoir sacré, et l'Eglise ne jugeant pas à propos de lui obéir, il proclame sa déchéance, il la déclare incapable, frappée dans ses facultés, et se constitue son conseil judiciaire.

Le Croyant peut s'appliquer ce vers :

Rome n'est plus dans Rome ; elle est toute où je suis !

Les Paroles d'un Croyant sont donc une œuvre de *Protestant*, c'est un cri de révolte, cri si profond et si lugubre, que ce livre retentit comme un tocsin, et qu'il semble environné, pour parler la langue du prophète de malheur, d'une lueur rouge comme le reflet d'un incendie.

Le christianisme est une loi indépendante de toutes les formes de gouvernement ; il n'exclut ni la monarchie ni la république ; et ce qui d'abord paraît contradictoire, et qui, à la réflexion, devient admirable, c'est que toute loi qui n'est pas puisée dans ce christianisme qui admet tous les gouvernemens, est une loi anti-sociale ! Le Croyant, lui, chrétien à sa manière, n'admet qu'une forme de gouvernement, la démocratie pure. Tout pouvoir qui ne sort pas de la démocratie est illégitime, contraire aux lois de Dieu, et doit être brisé. « Rendez à César ce qui est à César, » disait Jésus. Le Croyant soulève les peuples contre les lois établies. « Remettez cette épée dans le fourreau, disait Jésus ; celui qui tuera par l'épée mourra par l'épée. » — « Levez-vous, ceignez le glaive, dit le Croyant, et ne le remettez dans le fourreau que lorsqu'il n'y aura plus un seul tyran sur la terre. » Tyran, c'est-à-dire César, c'est-à-dire toute puissance qui n'est pas l'œuvre du peuple ; car tous les rois, pour le Croyant, sont des ministres de l'enfer. Par eux, Satan est le roi du monde ; et au moyen d'un incroyable abus de mots, le Croyant, personnifiant des abstractions, et matérialisant la lutte morale dont l'âme humaine est le sublime théâtre, établit que puisque le devoir du chrétien est de livrer une guerre acharnée à Satan, il faut livrer aux rois, ministres de Satan sur la terre, un combat sans merci.

Mais il est seul à interpréter ainsi l'Evangile ; l'Eglise, au lieu de le suivre, le condamne. Que faire alors? Une chose bien simple, à laquelle les schismatiques de tous les temps ont eu recours ; il n'y a qu'à déclarer que l'Eglise manque à sa mission ; que l'esprit de Dieu, cet esprit qui doit l'animer jusqu'à la fin des siècles, l'a abandonnée ; que le Souverain-Pontife est l'Ante-Christ. C'est ce que disait le moine de Wittemberg. Le Croyant est de l'avis de Luther (les schismatiques ont leur tradition) ; le pape n'est pour lui *qu'un vieillard qui a peur, et qui d'une main glacée signe un pacte dont chaque mot est comme un râle d'agonie.* La voix de l'Eglise est donc pour le Croyant la voix de la peur.

Voulez-vous la preuve que Satan est le roi du monde? vous n'avez, selon le Croyant, qu'à jeter vos regards sur l'état d'esclavage où les peuples ont été réduits par les rois, ces rois que le Croyant nous montre, dans une scène digne d'Anne Radcliffe, bonne à effrayer des imaginations enfantines, passant leur temps dans un antre à boire dans des crânes humains le sang de leurs sujets, et à maudire le Christ. Mais de l'avis de tous, et de l'avis même du Croyant (il l'avoue ailleurs), à aucune époque du monde il n'y a eu plus de liberté et d'égalité qu'en ce siècle; la pensée humaine est parvenue de nos jours à son plus haut degré d'émancipation. La société antique était fondée sur *l'esclavage,* qui bestialisait une partie de l'humanité; le moyen-âge fut fondé sur le *ser-*

vage, qui, tout en asservissant l'homme, le relevait de son état de brute, lui donnait un nom, une famille, quelquefois même une propriété. La société moderne est fondée sur la liberté individuelle et l'égalité civile. Ces faits brillent à tous les yeux comme le soleil. Si donc le Croyant ose prétendre que Satan nous a ravi la liberté apportée par le Christ, et que les rois sont aujourd'hui les ministres de l'enfer, à plus forte raison il doit le dire du passé. Et si Satan est le roi du monde depuis la venue du Christ, en quoi l'Evangile a-t-il été utile au monde social? Le code divin a été stérile pour l'humanité pendant dix-huit siècles. Autant eût valu qu'il restât enfoui dans les catacombes.

Il faut que le rayon visuel du Croyant soit absolument faussé. Lorsqu'il regarde dans le passé, lorsqu'il remonte aux anciens jours, il voit la terre calme, belle et féconde, tandis qu'il est prouvé par la science que des cataclysmes continuels bouleversèrent la terre des premiers jours, qui était la proie des volcans et des déluges. Il voit les hommes qui vivaient en frères, témoins sans doute Abel et Caïn. Lorsqu'il regarde le présent, il voit les peuples courbés sous le joug, comme des bêtes de somme, et les rois s'enivrant de sang humain. Quant à l'avenir, le voici tel qu'il se déroule devant lui. Les villes sont au pillage, l'incendie se promène de cité en cité; les hommes s'entr'égorgent; c'est le grand combat qui se livre, d'où la liberté doit sortir victorieuse. La liberté du Croyant est donc la fille de la destruction et du deuil; elle a ces ruines pour berceau, et s'avance entourée d'un long cortége de veuves et d'orphelins. « Ce jour-là, dit le Croyant, il y aura des cris tels qu'on n'en a point entendus depuis le jour du déluge. Les rois avant de tomber hurleront sur leurs trônes (comme Louis XVI, sans doute), les riches et les puissans sortiront nus de leurs palais, de peur d'être ensevelis sous des ruines, et il y aura des hommes qui seront saisis de la soif du sang. Selon le Croyant, tout noble cœur doit tressaillir de joie à ce tableau de l'avenir; ces scènes de carnage sont l'inauguration de la liberté! Les riches et les puissans sortent nus de leurs palais pour ne pas êtres ensevelis sous les ruines. Partout le sang coule à flots; c'est le règne de l'Evangile qui se prépare! Aussitôt que le sang aura cessé de couler, la terre, aujourd'hui froide et ténébreuse, changera de face; les moissons seront fécondes, tout sourira aux yeux de l'homme. L'ère d'amour commencera pour le genre humain; chacun s'aimera dans son frère, et sera heureux de le servir; *il n'y aura plus ni petits ni grands, à cause de l'amour qui égale tout; toutes les familles ne feront qu'une famille, toutes les nations qu'une nation.* C'est-à-dire qu'après avoir été des cannibales, nous deviendrons tout d'un coup des anges!

Voici l'erreur du Croyant : il veut réaliser sur la terre un avenir qui n'est pas terrestre. Tout le sang qu'il ferait verser pour la conquête de cet avenir serait inutile. Les efforts humains ne l'emporteront jamais sur les lois éternelles. Eh pourquoi d'ailleurs tant d'efforts, pourquoi tant de flots de sang humain, pour conquérir ici-bas un avenir qui est impossible sur la terre, précisément parce qu'il est à deux pieds sous terre? Cet avenir est l'autre vie, et il est si beau en présence de cette vie d'épreuves, que le christianisme, dans son admirable prévoyance, n'a pas oublié de dire, en établissant le dogme de l'immortalité de l'âme et de la vie future, que le suicide était un crime. S'il était permis de se dépouiller de la vie comme d'un manteau trop lourd, combien de croyans frapperaient chaque jour à la porte du tombeau? Si, dans les clubs, on avait la foi; si ceux qui partagent les convictions politiques du Croyant, croyaient aussi fermement à l'immortalité de l'âme qu'ils croient à la souveraineté populaire, combien prendraient vite les armes pour accomplir l'œuvre de justice! combien de suicides se cacheraient sous le prétexte du martyre!

Nous avons vu le Croyant convier les peuples à d'effroyables saturnales, dans des paroles pleines de haine et de vengeance; mais tout à coup, après avoir maudit, comme un homme qui, au sortir d'un mauvais rêve, veut rafraîchir sa pensée, il laisse échapper de douces et consolantes exhortations, filles de l'Evangile. « Vous n'avez qu'un jour à passer sur la terre, dit-il; faites en sorte de le passer en paix. » Est-ce un jeu, est-ce une dérision amère? Est-ce l'artiste qui cherche des effets, combine habilement des contrastes, et entre-mêle la cloche lugubre du tocsin avec des carillons de fête, ce qui réussirait infailliblement dans une symphonie? Non, ce n'est point une combinaison de l'art, c'est une effusion de l'âme. L'âme du Croyant ne peut rester sous les terribles impressions qu'elle vient de produire; elle suffoque dans cette atmosphère de sang et de mort, et, sans s'inquiéter de la contradiction, se prend à caresser les idées de paix et d'amour; elle est d'autant plus affectueuse qu'elle a été plus violente; mais qu'on le remarque! elle n'est affectueuse que par réaction.

Quelque temps avant la révolte du Croyant, un exemple opposé a été donné au monde. Après dix ans de *carcere duro*, le poète de *Francesca di Rimini* était rendu à la liberté. Les plus belles années de sa jeunesse s'étaient écoulées dans un cachot, au milieu des privations les plus dures, sous la surveillance la plus tyrannique. Il avait payé de sa jeunesse, de sa liberté, de sa gloire de poète, du repos de sa famille, une imprudence politique. Ah! que de haine il avait dû amasser dans son âme, durant cette injuste et horrible captivité! Cette liberté qu'il venait de ressaisir, on ne doutait pas qu'il ne se hâtât de l'employer, puisqu'il était poète, à maudire les tyrans, à les immoler dans ses vers; on s'attendait à des hymnes vengeurs : on avait compté sans le chrétien. L'âme de Pellico est une de ces âmes que Tertullien appelle naturellement chrétiennes, toujours prêtes à pardonner. On s'attendait, je l'ai dit, à une explosion de colère. *Les Prisons* ont paru. Cet admirable livre d'un homme qui a tant souffert, et qui raconte avec une si touchante résignation toutes ses souffrances, qui n'a sur ses lèvres que des mots de prière et de commisération, a édifié l'Europe. Silvio Pellico, tout meurtri par les fers, s'est montré si animé d'une charité fervente et sereine, qu'il a touché les cœurs. On l'a comparé, pour la simplicité, l'onction et la profondeur, à l'auteur céleste et inconnu de l'*Imitation*. On a cru voir rayonner à son front l'auréole qui ceignait le front des martyrs.

On a versé de douces larmes à la lecture de son livre. Comparez *les Prisons* aux *Paroles d'un Croyant!*

Pellico prêche la résignation, le Croyant prêche la révolte; le premier oublie l'injure, le second conseille de s'en venger; l'un ne maudit personne, l'autre maudit sans cesse; celui-ci écrit avec le crucifix de saint Vincent de Paule et de Fénélon, celui-là avec le crucifix d'un prédicateur de la ligue. Si Croyant signifie Chrétien, lequel des deux pouvait avec plus de raison s'arroger ce titre? L'œuvre du véritable Croyant sont-ce les *Paroles*, qui, malgré la douceur répandue dans quelques pages, jettent l'épouvante dans les âmes, ou *les Prisons*, qui toujours attendrissent, consolent et en même temps fortifient?

Et cependant, il y avait du Silvio Pellico dans M. de La Mennais, dont la double nature était composée d'amour et de force. Ces deux facultés supérieures, l'amour et la force, en arrivant à une fusion ou chacune eût apporté une égale part, auraient créé un de ces grands caractères, un de ces hommes divins, héros du christianisme, qui se sont appelés saint Bernard, saint Vincent de Paule, saint François de Sales. Hélas! cette fusion, plus difficile que celle des métaux, ne s'est pas opérée. L'amour l'a cédé à la force; Luther, encore une fois, a absorbé Mélancthon. Or, la force ne trouvant pas de contre-poids, aboutit aussitôt à la violence, et nous avons les *Paroles d'un Croyant.*

Et n'est-il pas triste de songer que la vaste intelligence de M. de La Mennais ne s'est tant agitée et ne s'est créé tant de tourmens, que pour produire des systèmes qui trompent toujours l'intention de l'auteur, et vont directement contre son but? En effet, autrefois, pour servir de point d'appui au catholicisme, M. de La Mennais avait inventé le système du Sens Commun, qui contenait, comme l'a dit un de ses anciens disciples les plus fervens, M. Lacordaire, un vaste protestantisme, puisqu'en définitive, c'était la raison individuelle qui devait et pouvait seule interpréter la raison générale; de même, aujourd'hui, son système politique, qui a pour but la liberté, contient un vaste despotisme; il établit que la moitié, plus un, a le droit d'opprimer la moitié, moins un. Sa théorie de la liberté n'est que le droit du plus fort.

Pour détourner leurs enfans des honteux plaisirs de l'ivresse, les Spartiates mettaient sous leurs yeux des esclaves ivres. N'est-ce pas pour nous guérir de l'orgueil, pour nous mettre en défiance contre notre raison si faible et si superbe, que Dieu se plaît à nous donner en spectacle les palinodies sincères de tant d'intelligences supérieures, enivrées d'elles-mêmes, qui consacrent leur âge mûr à édifier ce que leur vieillesse s'efforcera de détruire, et à qui s'applique exactement la fable douloureuse de Pénélope? Quel est cet homme, accablé sous le poids des années, qui se promène dans ce bois du Westmoreland? C'est une des gloires de l'Angleterre, c'est le vieux Southey. Southey débuta dans le monde avec une impatience furieuse, combattant pour la liberté sans limite et l'égalité absolue. Cette liberté et cette égalité n'ont pas eu plus tard de plus redoutable adversaire. Il croyait à une transformation prochaine des sociétés, et il travaillait de toutes les forces de son esprit et de son âme à hâter cette transformation complète, dont il voyait partout éclater de sûrs présages. Aujourd'hui, il ne croit pas à l'avenir; il doute, pour l'humanité, des progrès les plus naturels et les plus légitimes. Il voulait transformer le monde en quelques jours, il l'immobilise maintenant pour les siècles. — Du Westmoreland, passez dans notre Bretagne. Quel est cet autre homme, au front chargé d'ennuis, qui, dans son bois de la Chenaye, se promène à pas rapides, et murmure, en courant, des mots entrecoupés? C'est l'auteur de l'*Essai sur l'Indifférence*, qui compose les *Paroles d'un Croyant*. —Hélas! Qu'est-ce donc que la raison de l'homme, abandonnée à elle-même? C'est un vaisseau sans boussole lancé en pleine mer. Ce vaisseau peut être construit avec des chênes du Liban, il peut être chargé d'or, mais il va au hasard; jouet des vents, comment évitera-t-il les écueils?

LE LIVRE

du Peuple.

LE LIVRE DU PEUPLE.

Le Livre du Peuple n'a dû causer de surprise à personne; c'est un simple développement des idées que l'illustre écrivain défend aujourd'hui avec cette violence qu'il employait autrefois à les combattre.

Quand un de ces esprits doués de puissance, mais frappés d'exaltation, qui franchissent toujours les milieux et se précipitent vers les extrêmes, qui semblent dédaigner le possible, pour se jeter sans repos ni trève à la poursuite de l'irréalisable, est saisi d'une illumination soudaine, comme dit Bossuet, bonne ou fatale, selon le cas, et déserte sans hésitation son ancien drapeau pour passer avec armes et bagages sous le drapeau ennemi, on peut prévoir toutes les phases que traversera, dans sa condition nouvelle, cette intelligence depuis longtemps connue de nous, et éprouvée par de longues luttes ; car, pour changer d'idées, on ne change pas de caractère, et il serait absurde de penser que ces grands esprits, parce qu'ils ont une ou même plusieurs fois subi une complète métamorphose, parce que d'absolutistes ils sont devenus révolutionnaires, d'ultramontains schismatiques, ou réciproquement, ne possèdent pas cette logique vulgaire qui consiste à tirer des conséquences et à pousser à bout un principe. Ils ont, au contraire, de cette logique plus que personne; et si, à moins d'être prophète, on ne peut dire à quelles opinions humaines, dans quelques années, ils prêteront le secours de leur verve toujours jeune et de leur force inépuisable, en revanche il n'est pas de critique un peu exercé qui, les voyant engagés dans une route quelconque, ne puisse, sans crainte de se tromper, calculer leur marche sur cette route. Ces esprits sont doubles; d'un côté, ils sont insaisissables et vous échappent sans cesse; de l'autre, on les tient et on les suit aisément. Ils sont artistes et logiciens tout ensemble, et on aura d'eux une assez exacte image, si on se figure une puissante machine locomotive, lancée sur un chemin de fer, qui, à certain embranchement, pourrait prendre indistinctement à droite ou à gauche, et se diriger ainsi de toute sa vîtesse, sans qu'on pût le prévoir, vers le nord ou vers le midi, mais qui, une fois entrée dans le rail, marcherait d'un train irrésistible, et dont l'arrivée au but, dès-lors infaillible, serait calculable minute par minute.

M. de La Mennais doit être placé au nombre de ces esprits ; il a déjà passé d'un pôle à l'autre; et qui sait ce que lui réserve l'avenir? Celui qui, il y a cinq ans, prit le bâton du pélerin, comme un croyant du moyen-âge, et alla chercher, dans la capitale du monde catholique, de quoi fortifier sa foi, alors si robuste, et revint de ce triste voyage, la foi ébranlée et à moitié détruite, reprendra peut-être un jour, le front courbé et la tête blanchie, le chemin de la ville éternelle, pour aller s'attacher à jamais à ce rocher de Saint-Pierre, qu'il ébranle aujourd'hui de toutes ses forces ; peut-être aussi s'éloignera-t-il de plus en plus de ses anciennes croyances; peut-être le prêtre catholique, ce défenseur de l'autorité, ce flambeau de l'Eglise, aboutira-t-il, il n'en est pas loin, au déisme de Diderot et à la politique de Babœuf, et la mort viendra-t-elle le surprendre (déplorable conjecture!) défaisant avec acharnement l'œuvre de trente années de sa vie? Cet avenir, tout le monde l'ignore comme M. de La Mennais lui-même. Ce qu'on peut assurer dès aujourd'hui, c'est que l'auteur des *Paroles d'un Croyant* et du *Livre du Peuple*, poussera jusqu'à sa dernière limite le principe démocratique. Il ne s'arrêtera, s'il doit s'arrêter, qu'après avoir épuisé pour la cause du radicalisme absolu, comme autrefois pour la cause contraire, toutes les ressources de son génie, toute son argumentation et toute sa colère. Ses ennemis d'aujourd'hui trouveront en lui le même homme que ses ennemis d'autrefois, qui essaiera bien moins de les convaincre qu'il ne s'efforcera de les foudroyer. Cette âme passionnée est en effet dévorée d'une foi si grande dans le principe qu'elle embrasse, et dont cependant elle doit se dépouiller plus tard ; ce qu'elle croit la vérité, et que dans peu d'années elle rejettera comme une erreur grossière, lui apparaît comme un soleil si resplendissant, que ses adversaires sont nécessairement ou des aveugles ou des gens de mauvaise foi. M. de La Mennais laisse à Dieu le soin d'éclairer les aveugles, et se charge d'avoir raison de ceux qui ne veulent pas voir. Aussi sa vie, comme celle de quelques hommes illustres, privilégiés et malheureux, a été un combat. Il est à déplorer que ce soit un combat pour et contre ; qu'une moitié de ses ouvrages soit là pour réfuter l'autre moitié. Remarquons, pour être justes, que, si le tout présente une discordance éclatante, chacune des deux parties, prise séparément, offre une harmonieuse unité.

Dans l'intérêt de cette unité partielle, M. de La Mennais aurait dû se dispenser d'écrire, en terminant les *Affaires de Rome :*

« Je regarde et je désire qu'on regarde ce court écrit comme destiné à clore la série de ceux que j'ai publiés depuis vingt-cinq ans. J'ai désormais des devoirs plus simples et plus clairs ; le reste de ma vie sera, je l'espère, consacré à les remplir, selon la mesure de mes forces. » Cette déclaration est là à contre-sens ; les *Affaires de Rome* n'ouvrent ni ne ferment une série ; c'est ainsi qu'il fallait parler avant les *Paroles d'un Croyant*. Dès-lors la série nouvelle était commencée. Or, les anciens et les nouveanx livres de M. de La Mennais étant comme deux fleuves qui partent de la même source, mais qui se séparent violemment dès leur naissance, pour aller aboutir avec fracas à deux mers opposées, il est impossible de les confondre, sinon à dessein. M. de La Mennais n'y pense donc pas ? Qu'il répare au plus vîte son erreur. Ce beau monument catholique, qui commence à l'*Essai sur l'Indifférence* et se continue à travers de nombreux travaux de polémique éloquente et pleine de foi, ne doit pas et ne peut pas se terminer par ce pamphlet sceptique intitulé : *Affaires de Rome.* Il faut en prendre son parti ; l'auteur de l'*Essai* est mort il y a cinq ans ; c'est un autre homme, héritier de son génie, mais rempli d'une autre foi, un tribun et non plus un prêtre, qui a écrit les *Paroles d'un Croyant,* les *Affaires de Rome,* et qui vient de publier *le Livre du Peuple.*

Ce livre développe les théories de la souveraineté populaire, de l'égalité parfaite, de la liberté absolue de chacun, et du gouvernement de tous par tous. Ces théories chimériques sont adoptées sans restriction par M. de La Mennais ; et si on dépouille du beau style dont il les a revêtues, toutes ces exagérations anti-sociales, que trouve-t-on le plus souvent, sinon ce que les théoriciens de 93 écrivaient dans leur ignoble langue sans nom, pétrie de sang et boue ? Il dit au peuple : « Toute autorité est en vous ; n'obéissez pas aux lois que vous n'avez pas faites ; votre droit est que nul ne vous gouverne et ne vous impose des lois à son gré ; vous ne vous êtes donc jamais comptés ? Vous êtes cent contre un ! » Ainsi il fait un appel pur et simple à la force brutale, et ne voit d'autre moyen de remédier aux maux de la société que de la bouleverser de fond en comble, et de la jeter dans des révolutions sanglantes, au bout desquelles elle retrouverait les mêmes misères et les mêmes douleurs qu'auparavant. Lorsque parmi tous les pouvoirs qui nous gouvernent il n'en est pas un qui relève directement du peuple, lorsque dans nos codes, il n'est pas une loi qui émane de son bon plaisir, n'est-ce pas l'exciter ouvertement à la révolte, que de lui dire à haute voix et de lui répéter sur tous les tons : Tout pouvoir que tu n'as point fondé est impie ; toute loi que tu n'as point faite est immorale ? Si on adoptait les conclusions de M. de La Mennais, il faudrait descendre armé sur la place publique, abattre sans pitié ni merci tous les audacieux usurpateurs revêtus d'un signe quelconque d'autorité, et, la victoire gagnée (la victoire ne se ferait pas attendre, puisqu'on est cent contre un), danser, en poussant des cris sauvages de liberté, autour d'un grand feu de joie qui consumerait nos lois et nos institutions, les plus anciennes et les plus récentes, car elles sont toutes immorales et impies; aucune n'est l'œuvre de tous.

Est-ce donc que la justice est dans le nombre et dans la force? Est-ce que la justice n'est plus une qualité spirituelle, indépendante des lieux, des hommes et des choses, que rien ne peut anéantir, pas plus un roi que toute une nation, qui est parce qu'elle est? Est-ce que le pouvoir, pour être légitime, doit nécessairement être aux mains de tous? Quand il leur est échu par hasard, nous avons vu ce qu'en ont fait les masses inintelligentes et violentes : sous le règne de tous, la responsabilité disparaît; personne ne porte plus le poids des fautes; chaque juge se lave les mains comme Pilate. Cette absence de responsabilité suffirait à prouver que le gouvernement de tous est impossible; serait-il d'ailleurs bien difficile d'établir historiquement que c'est toujours le petit nombre qui a gouverné le monde? Lorsque, comme de nos jours, ce petit nombre n'est point une classe privilégiée et immobile qui règne à l'exclusion de toutes les autres, mais qu'il se renouvelle sans cesse, qu'il se recrute d'en bas et d'en haut, des descendans des familles antiques et des fils de paysans, peut-on dire qu'il y a là violation de la loi de l'égalité? N'est-ce pas au contraire une consécration complète de cette loi? Tout le monde n'est point admis, c'est vrai, mais personne n'est exclu. Si M. de La Mennais parvient à nous démontrer qu'il y a chez tous les hommes, en égale mesure, la moralité, l'intelligence et le savoir, nous nous rangerons de son avis. Jusque-là nous persisterons à croire qu'il s'insurge, non seulement contre la société actuelle, mais contre l'état de société en général.

Prêcher la liberté absolue, déclarer formellement le sort des animaux non assujétis au joug préférable à celui du peuple, c'est préconiser l'état sauvage. Il reste à dire après cela que les villes sont d'odieuses prisons, et qu'il n'est de bonheur possible pour l'homme qu'au sein des forêts ténébreuses qui furent son premier asile. Ce n'est, en effet, que dans les forêts, en vivant seul, qu'il trouvera l'entière liberté dont on lui vante si poétiquement les douceurs. Dans l'état de civilisation, tous les droits sont relatifs; il n'y a d'absolu que les devoirs. La civilisation n'est possible qu'au prix de la restriction, quelquefois même du sacrifice des droits individuels, et dans l'accomplissement sans réserve des devoirs particuliers et généraux.

Ce n'est pas, à Dieu ne plaise! que nous voulions nier le progrès dans les affaires de ce monde, et enfermer les droits de l'homme dans le cercle de Popilius. Les droits s'étendent et même se transforment. Le progrès est dans la nature de l'homme déchu appelé à la réhabilitation. Le progrès, a dit un philosophe chrétien, est la reconstruction de l'être. Mais, hélas! que d'épreuves à subir afin de faire un pas en avant! tout affranchissement est le fruit de longues années; et connaît-on un plus grand, un plus beau spectacle que celui qu'offre le peuple, marchant d'émancipation en émancipation, à travers des douleurs sans nombre, et dans toutes les alternatives d'une lutte infinie; aujourd'hui vainqueur et demain vaincu, mais voyant toujours tourner à son profit ses défaites comme ses victoires? Un seul exemple entre bien d'autres prouvera que les défaites du peuple, c'est-à-dire ses haltes forcées, sont dans les voies providentielles. — Dans les anciennes républiques, un esclave n'était point un homme; le christianisme vint, qui émancipa l'esclave et le revêtit du caractère sacré de la dignité humaine : ce fut, certes, pour le peuple, la plus grande de toutes les victoires ; mais arriva le régime féodal, qui lui imposa de nouveau un joug; après la victoire, venait la défaite. Cependant le régime féodal, qui oserait le nier? a été une institution favorable à l'humanité. La parole chrétienne, qui avait été semée dans le monde, n'avait point eu le temps de germer encore; car, comme l'éducation du peuple ne s'opère qu'avec une grande lenteur, la féodalité eut pour mission de le contenir, jusqu'à ce qu'il fût préparé à jouir des bienfaits à lui donnés par le christianisme, et dont il eût infailliblement abusé, s'il était entré d'abord en pleine jouissance. Le temps est donc l'élément indispensable du progrès, et il y a certainement un peu de folie à croire que, dans quelques années, comme d'un coup de baguette magique, on peut accomplir ce qui doit être l'œuvre des siècles.

Que les poètes, dans leur enthousiasme, saluent l'aurore d'un avenir prochain et magnifique; qu'échappant aux tristes réalités qui nous entourent, ils se réfugient dans les régions infinies de l'idéal et chantent la réalisation possible d'un paradis sur cette terre, à la bonne heure! rien de mieux. Nous avons assez long-temps entendu des cris de désolation, des hymnes funèbres, pour que nous devions savoir gré aux poètes de leurs efforts, quands ils entreprennent de relever les cœurs en défaillance; applaudissons-les, même quand ils nous bercent d'espérances impossibles. Si M. de La Mennais se contentait d'être un poète, d'entonner des hymnes à l'avenir, et de prophétiser des merveilles dans l'ordre matériel et dans l'ordre moral, on écouterait avec admiration les dithyrambes chaleureux qu'il sait si bien écrire en prose ; on ne se laisserait pas convaincre sans doute, mais on se laisserait charmer et entraîner par cette parole éloquente. Malheureusement M. de la Mennais est tribun en même temps que poète. Ce n'est pas dans un but d'artiste qu'il frappe les imaginations ; ce n'est pas dans un but d'homme religieux, pour nous aider à supporter le poids du jour présent, qu'il nous dépeint en traits enflammés un avenir merveilleux ; c'est dans un but révolutionnaire. — Tiens, dit-il au peuple, tu vois d'ici la terre promise ; lève-toi, secoue le joug, sois le plus fort, et tu y arriveras demain !...

Quand on a raison sur le fond des choses, on ne cherche pas d'ordinaire à dénaturer les faits ; on les expose naturellement et sans détour. Est-ce ainsi qu'agit M. de La Mennais ? Non certes ; cependant n'accusons pas sa bonne foi, rejetons toutes les erreurs sur le compte de sa passion; l'auteur du *Livre du Peuple* est comme nn homme en colère qui ne voit pas ce qui se passe autour de lui, ou qui exagère ce qu'il voit. Citons un exemple entre cent.

« Peuple, tu dis : J'ai froid; et pour réchauffer tes membres amaigris, on les étreint de triples liens de fer. Tu dis : J'ai faim; et on te répond : Mange les miettes balayées de nos tables de festin. Tu dis : J'ai soif; et on te répond : Bois tes larmes. Tu te plains de ne pouvoir cultiver ton esprit, développer ton intelligence; tes dominateurs disent : C'est bien; il faut que le peuple soit abruti pour être gouvernable. »

Vraiment, ce n'est que dans un monde imaginaire qu'a pu se tenir un pareil dialogue. On nous donne pour une réalité palpable un rêve fantastique. On se crée des fantômes d'ennemis pour se procurer le plaisir facile de les vaincre.

Les misères du peuple sont grandes sans doute, et ne sont point secourues avec cette chaleur de zèle qu'inspire le christianisme; nous savons bien que si, un soir d'hiver, on pénètre dans une de ces mansardes délabrées où s'entassent pêle-mêle de pauvres familles; si, après le long travail du jour (heureux quand ils ont travaillé!), on trouve le père, la mère et les enfans grelotant de froid autour d'un morceau de pain qui doit suffire à tous; nous savons bien que si on compare alors la mansarde délabrée et froide de ces gens laborieux aux hôtels splendides des gens oisifs, et le morceau de pain gagné à la sueur du front aux tables somptueusement servies des heureux du monde, on est tenté, pour peu qu'on soit du peuple, comme nous en sommes tous, de crier à l'injustice, à la violation des lois de Dieu, et de pousser à la révolte, pour rétablir l'équilibre, ceux qui n'ont rien contre ceux qui ont trop. Mais si on considère philosophiquement cette loi des inégalités sociales, on obtient cette triste conviction, qu'elles ont de tout temps existé, et ne cesseront jamais, comme les inégalités de la nature, et aussi cette conviction consolante qu'il est donné à la civilisation de les adoucir, de les rendre supportables. La loi religieuse en fournit les moyens. M. de La Mennais prend le contre-pied de cette loi. Il s'efforce d'éveiller au cœur du pauvre la plus mauvaise de toutes les passions, l'envie, tandis qu'il s'agit d'éveiller au cœur du riche la plus douce de toutes les vertus, la charité.

Il y a peu d'époques où l'égoïsme ait été plus profond que dans la nôtre, et, chose singulière, et qui au premier abord paraît contradictoire, il y a peu d'époques aussi où l'on se soit plus activement occupé de l'amélioration des classes pauvres. De tous côtés s'agitent les questions de leur bien-être et de leur instruction ; sur tous les points s'ouvrent des asiles de paix aux vieillards, et des écoles aux enfans du peuple. C'est qu'il est certains faits moraux, providentiels, selon nous, contre lesquels les passions de l'homme ne peuvent rien. Il est tout aussi impossible de faire aujourd'hui qu'un prolétaire soit un ilote, que de nous transporter à Sparte, sous Lycurgue. C'est pourquoi M. de La Mennais trompe évidemment le peuple, quand il lui dit qu'on cherche à l'abrutir pour le rendre gouvernable. Il n'aurait qu'à ouvrir les yeux pour voir le contraire, pour voir l'instruction se répandre parmi les classes populaires dans de prudentes limites qui s'agrandiront de jour en jour. Ne nous évertuons pas à prouver à M. de La Mennais qu'il a tort. N'allons pas chercher des argumens au loin ; il nous en offre lui-même de bonne grâce ; car, enfin, puisqu'il adresse son livre au peuple, c'est qu'apparemment une partie de ce peuple sait lire.

Il faut être juste, même envers ceux qui ne le sont pas; avouons-donc que dans *le Livre du Peuple* on trouve autre chose que des paradoxes insoutenables et des cris de révolte. On y lit quelques pages sur les devoirs qui, partout ailleurs, seraient admirables de simplicité et de logique, mais que là, à cette place, on ne comprend guère, puisque l'auteur, il n'y a qu'un instant, vient de détruire la sanction de ces devoirs, et de renverser d'un coup de main la base sacrée sur laquelle ils reposent. Dans tout autre endroit, on admirerait aussi les pages sur l'amour, remplies d'une onction pénétrante, et écrites sans doute avec cette plume dont se servait autrefois le pieux écrivain pour traduire et commenter l'Imitation. C'est la plus belle morale qu'il y ait au monde, ce sont des préceptes d'une évangélique douceur; mais, comme ils sont encadrés entre des chapitres qui respirent la colère et la haine, on se rappelle involontairement, en les lisant, l'ancienne devise : *la fraternité ou la mort.*

Le Livre du Peuple, comme les *Paroles d'un Croyant,* est écrit en style poétique. Ce ne sont qu'images, comparaisons et apologues. Cette forme une fois adoptée, on ne trouve jamais l'écrivain inférieur à lui-même. C'est toujours le même grand style, dédaigneux des petits effets, marchant à son but librement et franchement. La plume de M. de La Mennais ne vieillit pas ; elle semble même gagner en vigueur, comme en grâce et en souplesse. D'où vient cependant que ce dernier ouvrage, qui, sous tous les rapports, est pour le moins l'égal des *Paroles d'un Croyant,* n'a point obtenu la dixième partie de leur succès ? C'est que ce premier succès n'était pas fondé sur une admiration sincère, ni sur des sympathies profondes, mais sur un vif sentiment de curiosité. Ce siècle qui a été témoin de révolutions si diverses, n'en avait point vu encore une semblable à celle que lui offrait le génie ardent de M. de La Mennais; tout le monde voulut voir ce spectacle extraordinaire; la surprise passée, la curiosité satisfaite, tout a été fini. C'est ce qui explique pourquoi les *Paroles d'un Croyant* retentirent d'un bout de l'Europe à l'autre, comme un coup de tonnerre, et pourquoi *le Livre du Peuple* a paru presque *incognito*.

Quoique M. de La Mennais ne s'attache qu'à détruire, et qu'il ne s'occupe pas encore de formuler un système social, il se rapproche cependant de plus en plus des deux ou trois réformateurs sociaux qui, dans ce siècle, se sont donnés pour des Messies. Comme ces réformateurs demi-dieux, il aspire au gouvernement de la société, et ne tient aucun compte des nécessités sociales; il supprime le temps et l'espace, il est tout-à-fait en dehors du milieu où s'agitent les hommes; il vit comme sur un trépied électrique qui l'isole du reste du monde. Comme

Saint-Simon et Fourier, il fait de quelques abstractions des vérités absolues, hors desquelles il n'y a que désordres matériels, ruines morales et intellectuelles. Que va gagner à ce jeu périlleux l'illustre écrivain? Déjà il avait compromis sa gloire pour courir après la popularité. Abandonné de tous ses anciens disciples, combattu par les plus fervens d'entre eux, peu compris de ses nouveaux amis, comme isolé et étranger au milieu d'eux, il ne lui restait pour consolation dans ses amertumes, que le bruit immense qui se faisait autour de chacun de ses livres, bruit enivrant qui l'endormait dans son orgueil, et lui faisait oublier les réalités de la vie. Mais voilà que ce bruit qu'il aimait tant diminue; voilà que cette popularité si chère lui échappe; il n'est qu'un public qui ne lui manquera jamais, dont il se contentait jadis, mais qui, trop restreint et peu bruyant, ne suffit plus à son ambition, ce sont les hommes d'intelligence et d'étude. Ceux-là ne perdront jamais de vue ce génie emporté tour à tour par l'esprit du bien et par celui du mal, qui monte aux plus grandes hauteurs et tombe dans les plus profonds abîmes, et, dans toutes ses agitations, ils le suivront avec cet intérêt mêlé de terreur qu'on éprouve à contempler un bel orage.

POLITIQUE

à l'usage du Peuple.

POLITIQUE

A L'USAGE DU PEUPLE.

Les journaux sont les chemins de fer de la pensée ; ils la transportent avec une rapidité merveilleuse.

Comme tous ceux, forts ou faibles, qui, dans des intentions civilisatrices, ou dans un intérêt mesquin et personnel, ont voulu de notre temps répandre leurs idées et se créer au plus vîte des adeptes, M. de La Mennais s'est à plusieurs reprises servi du journal. Les deux volumes de la *Politique à l'usage du peuple* sont composés d'articles de journaux. Hâtons-nous de dire que ces deux volumes n'iront pas à leur adresse. C'est de la politique savante; et quoique le fonds soit toujours le même, le peuple ne la comprendra pas; il y a plus, il ne la lira pas, malgré le titre et malgré le nom de l'auteur. M. de La Mennais donne une preuve de plus de son illusion complète à l'égard du peuple, et me confirme dans l'opinion que j'avais depuis longtemps que le peuple est pour lui un être de raison. Quoi! il a fait un journal qui s'adressait à ce qu'on peut appeler (ne craignons pas de dire le mot puisqu'il est juste) l'aristocratie de l'intelligence, où il traitait, dans un style grave, les questions les plus délicates et les plus hautes, et deux ans après il vient publier cette polémique érudite, semée de citations latines, sous le titre de *Politique à l'usage du Peuple!* Si le peuple pouvait comprendre cette politique qu'on fait à son usage, la France serait un peuple de lettrés ; le moindre ouvrier serait bien près d'être un publiciste ; il serait absurde de parler d'instruction primaire : on sait apparemment lire et écrire quand on a fait ses humanités. N'appuyons pas davantage sur le contre-sens qu'a commis M. de La Mennais.

Toutes les questions de politique intérieure et de politique étrangère qui ont occupé la première moitié de l'année 1837, ont été traitées par M. de La Mennais avec cette franchise et cette vigueur, traits distinctifs de son caractère, tantôt excellentes qualités, tantôt défauts, selon qu'il garde ou qu'il rompt la mesure. Ç'a été une jouissance indicible pour cet esprit violent de pouvoir s'épancher chaque jour, de frapper à chaque instant sur une idée ou sur une chose, de ne pas mettre d'intervalle entre ses attaques, d'être toujours sur la brêche sociale, et d'agiter sans relâche sa pensée, comme un soldat qui tiendrait toujours son épée hors du fourreau. Il y a de sublimes intelligences qui aiment à vivre en elles-mêmes, qui jouissent, comme d'un spectacle toujours nouveau, de leur travail intérieur. Ces penseurs paisibles trouvent que le culte de la pensée porte avec lui sa récompense, et ils pourraient se passer de se manifester au monde, s'ils ne sentaient pas que c'est pour eux un devoir. Il y a d'autres sublimes intelligences pour lesquelles penser est synonyme d'agir, qui tiennent autant du guerrier que du philosophe, qui aiment la lutte non interrompue : le journal est l'arme naturelle de ces intelligences.

Le journal, selon l'expression de M. de Lamartine, est l'outil de la civilisation. Telle est, je crois, la destinée future du journal;

mais sa véritable mission ne commencera que lorsque la société sera rentrée dans les voies régulières de son développement. Tant que la société s'agitera dans les angoisses de l'incertitude, tant qu'elle sera dépouillée de la foi religieuse et de la foi politique, le journal fera autant de mal que de bien, et par conséquent plus de mal.

La presse n'est point la mère de l'opinion, elle n'en est que la nourrice.

Quand le fonds des idées en France se sera amélioré, la presse les développera admirablement, les fera arriver à une prompte maturité, et c'est alors qu'elle deviendra l'outil de la civilisation; mais jusqu'à ce que le bon génie social l'ait emporté définitivement sur le mauvais, elle sera, au même degré, un outil de civilisation et un instrument de mort; elle ne sera jamais plus dangereuse que dans le moment où nous sommes; car l'heure est venue de construire et de consolider, et malheureusement ce sont les idées de destruction et de ruine qui trouvent la porte des esprits toujours ouverte.

Par une fatalité étrange, ce sont les plus grandes voix qui, dans ce siècle, ont convié à la destruction. De sublimes poètes n'ont fait vibrer de leur lyre que les cordes de la haine violente ou de la raillerie amère. Quel est le sens des œuvres de Goëthe et de Byron? Le ministre de Veimar et le lord boîteux ont achevé, chacun avec les allures particulières de son génie, l'œuvre de Voltaire. Et combien d'autres démolisseurs puissans sont venus se joindre à eux, animés de passions diverses et souvent opposées; celui-ci voulant détruire ce que celui-là voulait conserver, et conserver ce que celui-là voulait détruire, mais tous voulant par un côté détruire l'édifice souverain! Il est résulté de toutes ces attaques en sens contraire, qu'on a violemment ébranlé les deux colonnes sur lesquelles l'humanité repose, la vérité religieuse et la vérité politique.

A chaque page de sa *Politique* éclatent les idées révolutionnaires de M. de La Mennais ; cependant le démolisseur est contenu par le journaliste, qui écrit une feuille aristocratique par son prix, et non une feuille populaire colportée dans les rues et vendue au prix de quelques centimes. Mais quoiqu'il ait mis un frein à sa plume impatiente, et qui a maintenant l'habitude et le goût du dévergondage démagogique, il ressort nettement de tous ces fragmens épars qu'il n'y a pas de milieu possible entre le despotisme et la démocratie (je cite ses paroles) ; qu'en s'obstinant à chercher ce milieu, on prive le pays d'un gouvernement réel, fort, durable, et qu'on entasse désordres sur désordres, calamités sur calamités.

Cette erreur a coûté bien du sang à la France, et nous sommes malheureusement destinés à la payer cher encore. Les leçons du temps et du malheur s'effacent vîte dans notre pays. Nous sommes asservis aux préjugés. Les préjugés gouvernent le peuple qui semble avoir le plus d'indépendance d'esprit, à tel point que la route des ambitieux est toute tracée ; si l'on veut réussir demain en France, on n'a qu'à embrasser avec ardeur le préjugé d'aujourd'hui. Qui consulte la saine raison, la raison impartiale? Ne faut-il pas que M. de La Mennais dédaigne de lui demander conseil, à cette raison, et la relègue bien loin, pour venir proclamer à haute voix qu'il n'y a pas de milieu possible entre le despotisme et la démocratie? N'est-il pas plus raisonnable de dire que la monarchie absolue, la monarchie représentative, la république ne sont que des formes de gouvernement, et que ces diverses formes sont bonnes ou mauvaises, selon l'esprit qui les anime?

S'il ne s'agit que de discourir sur des théories, de soutenir des thèses devant le public, de se jouer avec imagination dans des idées brillantes, je comprends qu'on soutienne la haute supériorité d'une forme de gouvernement à l'exclusion de toutes les autres. On tranche du Platon, on est sur un petit cap Sunium, on bâtit des sociétés avec des phrases, comme les enfans bâtissent des châteaux avec des cartes; on se livre, en un mot, à des jeux d'esprit qui n'ont rien de sérieux. Mais quand on fait de l'histoire, non de l'imagination, de la politique pratique et non des rêveries plus ou moins philosophiques, quand on est un publiciste, ou quelque chose de plus positif encore, un journaliste, c'est-à-dire un homme d'affaires, politique, je ne comprends pas qu'on se prenne d'un amour exclusif pour une forme de gouvernement, qu'on annule l'esprit dans les autres formes de pouvoir, qu'on provoque la lutte pour conquérir cette forme, qui n'est rien en elle-même, qui n'est pas un but, mais un ensemble de moyens.

Ce ne sont certes pas les moyens qui nous

manquent aujourd'hui ; ce qui manque, c'est de vouloir et de savoir se servir des moyens. Avouons d'ailleurs, pour notre excuse, que la tâche ne fut jamais plus grande : elle est immense. Quelle combinaison de longs efforts est nécessaire pour effacer les profonds désordres qui ravagent les esprits et les cœurs! il y a dans l'histoire peu de situations morales aussi douloureusement tristes que la nôtre. Cette société est enveloppée de l'égoïsme comme d'un réseau; les douces et consolantes croyances ont fait place à un scepticisme froid et ironique; nous ne croyons pas, et les plus fanatiques partisans de l'égalite sont forcés d'avouer qu'au moins sous ce rapport l'égalité est complète. Le doute, l'égoïsme, la passion du gain, l'ambition désordonnée, sont les vertus sociales auxquelles le siècle sacrifie. Comment, en présence d'une situation si terrible, a-t-on le courage de s'occuper d'une question de forme?

Mais la forme n'est rien, l'esprit est tout. Prenons un exemple.

J'admets pour un moment que les idées démocratiques ne rencontrent plus d'obstacles ; elles sont souveraines, elles règnent et gouvernent. Un grand développement est aussitôt donné à l'instruction du peuple, et, au bout de quelques années, il n'est pas un homme du peuple qui ne sache lire, écrire et calculer. Les partisans de la forme applaudissent et sont émerveillés d'un si beau résultat. Mais moi qui suis pour l'esprit, je soutiens que, sans la croyance religieuse qu'il n'a plus, ce peuple sachant lire, écrire et calculer, deviendra encore plus sceptique, parce qu'il se croira plus éclairé, et se corrompra plus facilement, parce qu'il sera plus sceptique.

Autre exemple. La république est proclamée. Que font les partisans enthousiastes de cette forme de gouvernement? Ils poussent des cris de joie, ils déclarent que nous avons enfin le gouvernement le seul juste et le seul vrai. Mais vous n'avez encore qu'une forme; attendez-donc, vous vous réjouirez lorsque le gouvernement aura prouvé qu'il est plus intelligent, plus humain, plus civilisateur que celui qu'il a renversé; et s'il allait être plus brutal et plus arriéré?

On ne saurait dire tout le mal que produisent, en politique, les théories exclusives; elles aveuglent l'esprit le plus clairvoyant. Une fois en proie à une théorie exclusive, on n'aperçoit dans les autres gouvernemens que des défectuosités; on nie tout le bien qu'ils peuvent faire; il y a plus, on leur refuse obstinément la faculté de faire le moindre bien. De là ces oppositions formidables qu'ont en face d'eux tous les gouvernemens modernes, et qui placent la société dans un état continuel de guerre, où il se dépense en pure perte une somme énorme de forces qui, mieux employées, donneraient d'infaillibles et d'incalculables bénéfices. Ces oppositions mettent les gouvernemens dans une situation telle, qu'ils ont assez à faire à se défendre et à ne pas tomber; puis on les accuse de ne pas remplir leur mandat, d'être au-dessous de leur mission, ce qui est vrai. Mais à qui la faute? En grande partie aux amis violens des théories exclusives, qui ne se soucient guère de modifier l'esprit d'un pouvoir, qui veulent avant tout le renverser, et qui, dans les modifications qu'ils demandent à grands cris, n'ont jamais en vue la modification ellemême, mais leur but immuable, auquel ils tendent par tous les chemins.

Si quelqu'un est révolutionnaire, c'est M. de La Mennais; mais le mot le choque apparemment, et il a pris un singulier moyen de s'en défendre; c'est de le jeter à la face de ses adversaires. Il a retourné la proposition, et il soutient que le peuple est aujourd'hui partout le conservateur, et que les gouvernemens sont les révolutionnaires.

En effet, la violation des lois premières de l'humanité, qui constituent l'ordre moral, ne profite jamais qu'à un petit nombre d'individus, et nuit à tous les autres. Or, la nation entière ne saurait exploiter, opprimer la nation entière. Le mal, sous ce rapport, ne peut être opéré ni voulu par elle ; il est toujours l'œuvre exclusive de l'intérêt individuel. L'intérêt du peuple se confond avec la justice, l'équité, le droit ; jamais on n'en transgresse les prescriptions qu'à son détriment. A qui profitent les exactions, les priviléges, les monopoles ? Ce n'est qu'à quelques-uns seulement. Qui en souffre, si ce n'est le peuple ? Et quand il souffre, que demande-t-il ? que peut-il demander ? Droit et justice, pas autre chose, car hors de là il demanderait à s'exploiter lui-même, à s'opprimer lui-même. Si la justice et le droit sont la base essentielle de toute association humaine, le peuple est donc le véritable conservateur de la société.

Est-ce assez de sophismes? est-ce assez se payer de mots? peut-on renverser avec plus de sang-froid l'empire des faits? Non-seulement M. de La Mennais n'est pas en France, mais il n'est dans aucun pays du monde; il veut parler sans doute de quelque planète lointaine et inconnue qui reconnaît sa providence et que régit sa volonté absolue. Là le peuple est comme un seul homme; il n'a qu'un intérêt et ne peut avoir qu'un désir; il veut toujours le lendemain ce qu'il a voulu la veille; il ne se laisse jamais tromper, car son amour de la justice le prémunit contre tous les piéges qu'on pourrait tendre à sa bonne foi. Dans notre pauvre monde, nous n'avons que des pouvoirs de majorité; là existe un pouvoir d'unanimité. Il n'y a, on le conçoit, ni priviléges, ni exactions, ni désordres, car la nation entière ne saurait exploiter, opprimer la nation entière.

M. de La Mennais pense donc que tout le monde peut gouverner tout le monde, et que ce gouvernement doit nécessairement être juste, grand et fort. Il croit donc que le peuple ne saurait se tromper dans le choix de ses délégués; et que ses délégués ne l'entraîneraient jamais plus loin qu'il ne voudrait aller; il croit à l'intelligence infaillible et à la vertu sans tache de la multitude; il ne se souvient pas de la Convention et du Comité de salut public.

En sondant les doctrines de l'auteur des *Paroles d'un Croyant*, en s'efforçant d'expliquer comment il peut se nourrir de telles chimères, on s'assure que c'est par une sorte de désespoir qu'il s'est lancé dans ce mysticisme politique, en dehors de toutes les réalités, comme autrefois, après une jeunesse orageuse, il s'était jeté dans les bras du christianisme, avec cette différence qu'il se réfugia alors dans les bras du Dieu véritable, et qu'il se jette aujourd'hui dans les bras d'un faux dieu. Le peuple est donc pour M. de La Mennais une espèce de dieu politique, produit de son imagination, et qu'il aime comme on aime son œuvre, c'est-à-dire en n'apercevant aucun de ses défauts et en le douant de toutes les perfections. La réalité le navrait, il s'est jeté dans le rêve.

Mais si le peuple, tel que le représente M. de La Mennais, est une abstraction, il y a un peuple réel, et qui n'est pas une unité. Il y a le peuple des clubs, le peuple sans croyance, — la lie des grandes villes ; — il y a le peuple travailleur, qui conserve dans son âme le sentiment de la famille et de la religion. Donnez aux premiers les droits politiques qu'ils demandent, vous verrez ce qu'ils en feront. Quant aux seconds, ils ne demandent que du travail pour eux et de l'éducation pour leurs enfans ; c'est ce que leur doit la société, qui tous les jours paie de mieux en mieux sa dette. Mais le peuple qui a des croyances est malheureusement bien restreint. L'irréligion pénètre dans le cœur du plus grand nombre, à qui l'on enseigne depuis si long-temps la doctrine de l'intérêt et la religion du gain. Ce qu'il faut à un tel peuple, ce ne sont pas des droits politiques, mais de la moralité. Voulez-vous opérer une véritable révolution, une révolution merveilleuse, dont les bons résultats seraient incalculables, rendez ce peuple sincèrement chrétien.

Nous avons vu que le titre des deux volumes était à contre-sens; l'intention ne subsiste pas moins; c'est de la politique à l'usage du peuple qu'a voulu faire M. de La Mennais; ne craignez pas qu'il dise : Morale à l'usage du peuple; politique, toujours politique!

La morale s'applique à l'homme tout entier, à son cœur, à son âme, à ses destinées futures; la politique s'applique à une partie de l'homme, à son présent, à ses intérêts matériels. M. de La Mennais s'élève souvent contre les tendances matérialistes de ce siècle, contre les doctrines qui suppriment de l'homme la partie la plus noble, et ne s'inquiètent que de lui créer sur la terre un agréable séjour ; il professe même une trop grande indifférence pour les progrès industriels ; les canaux, les bateaux à vapeurs et les chemins de fer le touchent médiocrement ; mais alors sa politique prêche contre lui, car la politique démocratique qui voit partout exactions et priviléges, n'est, dans l'esprit de ses adeptes, que le chemin conduisant au bien-être.

A Dieu ne plaise que j'accuse M. de La Mennais de supprimer la morale ; il ne la supprime pas, mais il la place en seconde ligne : il fait de la morale la vassale de la politique. Subordonner la morale qui perfectionne, adoucit et éclaire, à la politique qui soulève, irrite et aveugle, c'est pour M. de La Mennais descendre du prêtre au tribun ; c'est aimer mieux être l'homme du jour que l'homme de tous les temps, l'homme d'un parti que l'homme de tous; c'est préférer la place publique à l'église, la borne du coin de la rue à la chaire évangélique.

DE

l'Esclavage moderne.

DE L'ESCLAVAGE MODERNE.

A quels écarts peut se laisser entraîner, malgré son étendue et sa puissance, un esprit fourvoyé qui s'obstine !

De l'esclavage moderne! dit M. de La Mennais, et il ne parle pas, comme on pourrait le croire, du Nord de l'Europe ou de l'Amérique, il parle exclusivement de la France, comme s'il y avait en France des esclaves ailleurs que dans son imagination; comme si nous n'avions pas définitivement conquis, au prix de larges flots de sang, la liberté, ce fruit de la croix mûri par les siècles; comme si la révolution française était un conte inventé à plaisir! De l'esclavage moderne! A quoi donc aurait servi cette permanente et laborieuse conspiration pour la liberté, qui remplit six cents ans de l'histoire de France, vaste et pathétique drame, dont le prologue est à la date du douzième siècle, et le dénouement à celle du 4 août 1789? La féodalité est donc toujours debout au milieu de nous, ou tout au moins, son esprit anime puissamment l'époque actuelle? la monarchie absolue n'a pas remplacé le système féodal? il n'y a pas eu de dix-huitième siècle? qu'est-ce que la Constituante? et le Code civil? et la Charte? Toutes ces réalités palpables et éclatantes sont non avenues pour M. de La Mennais, qui, d'une main sûre, grave ces mots au frontispice de son livre : *de l'Esclavage moderne !*

Le titre est significatif. Il y a cet avantage, avec M. de La Mennais, qu'on sait d'abord à quoi s'en tenir. Il ne cache pas sa pensée dans des nuages, il l'expose au grand jour; il n'imite pas ces *bravi* de l'intelligence, qui portent leurs coups dans l'ombre, il combat au soleil. Les demi-mots perfides, les réticences calomnieuses ne sont pas ses armes; il parle haut et ferme. Qu'il soit à la tête d'une bonne cause, ou à la remorque d'une cause injuste et perdue, il se jette dans la mêlée avec la même ardeur généreuse, et, dans son oubli de lui-même, il ne songe guère à se réserver des moyens de retraite. Ce n'est point un guerillero, il ne connaît pas les embuscades; c'est un vrai soldat, il reste toujours à découvert. Certes, je n'hésite pas à placer dans mon estime, au-dessus de l'homme qui est dans la vérité, mais qui n'a pas le courage de son opinion, l'homme qui se trompe, mais qui a le courage de son erreur. Chez celui-ci, il n'y a qu'illusion d'esprit, chez l'autre, il y a manque de cœur.

Il faut reconnaître que c'est avec courage et désintéressement que M. de La Mennais se trompe, et que, de bonne foi, il offre l'étrange et désolant spectacle d'une âme honnête qui donne les plus funestes conseils, d'une vaste intelligence qui soutient l'absurde. Les preuves de cette double contradiction abondent dans le livre *de l'Esclavage moderne.*

L'esclavage est la destruction de la personnalité humaine, dont la liberté est l'exercice. Appartenir à un autre, si grand ou si bon qu'il soit, c'est être esclave. S'appartenir, si pauvre, si malheureux qu'on soit, c'est être libre. L'esclave est un instrument, l'homme libre est une intelligence; l'esclave est une chose, l'homme libre est une âme. La différence entre ces deux états est radicale, c'est être ou ne pas être. Or, on n'arrive pas d'un bond du néant à la vie. On *est* toujours avant de naître; ce qu'il y a de plus immatériel en ce monde, la pensée elle-même, n'*est*-elle pas avant d'éclore? Mais si, pour préparer son avènement à la vie, quelques mois dans le sein maternel suffisent à l'homme qui ne fera que passer sur la terre, il faudra des siècles de préparation à une société qui doit se prolonger à l'infini. Ainsi, il a fallu des siècles pour que l'ilote devînt le prolétaire, pour que l'instrument devînt une intelligence, pour que l'esclavage antique devînt la liberté moderne. Telle est la loi de l'histoire : l'esclave conquiert ses droits un à un, et ce n'est pas par prudence qu'il agit ainsi, c'est aveuglément, sous la force des choses. L'esclavage abrutit, et l'esclave n'a pas d'abord l'intelligence de ses droits; sans songer à l'avenir, sans rien demander au ciel ni aux hommes, si ce n'est un peu moins de travail, il supporte long-temps le joug avec patience. Cependant un jour vient où il sent que la chaîne matérielle ou la chaîne morale le blesse trop vivement à telle partie de son corps ou de son âme; il murmure alors, menace, se lève, brise de la chaîne l'anneau qui le blesse, et, cela fait, rentre dans le repos. De si mince valeur que soit ce résultat du moment, cette victoire est immense pour l'avenir. Il est ouvert, le chemin qui mène à la liberté! La possession d'un droit forcera l'esclave à remarquer l'absence d'un autre, à lui en donner le désir, à lui en inoculer le besoin, de telle sorte que les droits étant corrélatifs, l'un engendrant l'autre, il parviendra à les comprendre tous dans leur ensemble et leur virtualité, et par conséquent, ce qui est moins difficile, à les conquérir. Mais l'iniation et la lutte dureront des siècles; et l'histoire, quoiqu'elle puisse à si juste titre porter le nom de *martyrologe*, ne dira pas tout ce que cette initiation et cette lutte auront coûté de larmes et de sang. Eh bien! ce résultat immense obtenu, lorsque tous les droits seront conquis, qu'il ne subsistera plus aucune trace de l'antique servitude, que la liberté et l'égalité seront inscrites dans les lois et régneront dans les mœurs, que la démocratie, selon une parole fameuse, coulera à pleins bords, comme nous serons toujours en société, et qu'il y aura toujours dans les sociétés humaines des gens qui travailleront beaucoup pour recueillir peu, et des gens qui travailleront peu pour recueillir beaucoup, en un mot, des riches et des pauvres, un homme à la parole brûlante, un prêtre de l'Evangile se levera, et dira à ces derniers : « L'esclavage antique n'a fait que se transformer, et celui qui pèse sur vous est plus dur que l'antique servitude. Votre volonté est esclave, si votre corps ne l'est point; les chaînes et les verges de l'esclavage moderne, c'est la faim! »

C'est l'auteur de *l'Esclavage moderne* qui parle ainsi.

« La liberté politique, dit l'auteur de l'*Esprit des lois*, ne consiste pas à faire ce que l'on veut. Dans un Etat, c'est-à-dire dans une société où il y a des lois, la liberté ne peut consister qu'à pouvoir faire ce que l'on doit vouloir, et à n'être pas contraint de faire ce que l'on ne doit pas vouloir. » Si le prolétaire peut faire ce qu'il doit vouloir, et n'est pas contraint de faire ce qu'il ne doit pas vouloir, il est libre aux yeux de Montesquieu; cela ne suffit pas pour le rendre libre aux yeux de M. de La Mennais, qui établit une distinction entre la volonté et le corps, mais qui n'a pas vu que son raisonnement, si on le presse, conduit à la négation de la liberté humaine. En effet, quel homme, grand ou petit, seul ou chargé de famille, n'est pas forcé moralement de faire tel acte à la place de tel autre, en mille occasions de sa vie? Est-ce que, selon l'auteur de la *Journée du Chrétien*, les causes déterminantes détruisent la liberté de l'homme? Le premier tyran contre lequel il faudrait alors se révolter, ce serait Dieu. Avec quelle force M. de La Mennais repousserait cette conséquence impie! Dès lors comment expliquer cette contradiction? le même raisonnement ne peut pas être faux dans l'ordre moral et juste dans l'ordre politique. Hélas! à quoi sert le génie, s'il n'est pas aussi clairvoyant que le bon sens?

Dans ce court écrit, M. de La Mennais met en présence le riche et le pauvre, sous les noms de *capitaliste* et de *prolétaire*. Il détaille une à une toutes les misères du pauvre, et une à une aussi toutes les jouissances du riche, et il exagère si bien dans l'intérêt de sa thèse, qu'il arrive peu à peu à représenter l'existence du pauvre comme un sombre enfer, et celle du riche comme un riant paradis. Son imagination ardente et chagrine fait du moindre abus une monstruosité, du moindre mal une plaie immense, prend l'exception pour la règle, et maudirait, je crois, tous les juges du monde, parce qu'un tribunal aurait une fois condamné un innocent. Le véritable rapport des choses échappe maintenant à M. de La Mennais ; et il ne discute plus sans s'emporter; l'exagération est devenue l'état habituel de son esprit, et la colère l'état habituel de son âme. Cependant l'exagération est peu philosophique et la colère peu chrétienne ; mais quand on méconnaît toutes les idées de gouvernement, n'est-on pas en-dehors des voies de la philosophie et du christianisme ?

M. de La Mennais ne s'est pas servi cette fois de la langue biblique et de l'apologue oriental. Il a donné à son petit livre plutôt la forme du traité que celle de l'ode, et il semble avoir mis plus de soin à établir les faits. Qu'on ne se laisse pas prendre à l'apparence : pour n'avoir pas les allures extérieures de la poésie, le livre n'est pas plus vrai au fond. Eh! qu'importe que M. de La Mennais déduise avec méthode et clarté, s'il ne déduit si savamment que des illusions? Je me trompe, il importe beaucoup; l'auteur est plus dangereux; on donne plus facilement sa confiance à un philosophe qu'à un poète. L'extérieur grave impose aux esprits superficiels. Pour peu qu'on y soit intéressé d'ailleurs, on ne peut trouver que parfaitement juste un raisonnement qui se présente en syllogisme. Dans son auditoire passionné, M. de La Mennais trouvera une foi entière à ses raisonnemens basés sur des faits qu'il a créés à son usage; il flatte et il raisonne, il ne peut pas avoir tort. On le croira sur parole, lorsqu'au lieu de prendre le prolétaire tel qu'il est dans sa famille, dans son atelier, sur la place publique, il le fait passer dans des sphères fantastiques, comme dans des cercles ardens de quelque infernale comédie d'un Dante inconnu! lorsqu'il montre le prolétaire partout et toujours en proie à d'abominables injustices; lorsqu'après avoir *prouvé* que, faites par les hommes du privilége, les lois sont toutes dirigées contre lui, il place au bout de toutes ses actions comme des conséquences inévitables, la faim, la prison ou la mort!

Après avoir contemplé ces tableaux étranges, on éprouve le besoin de se recueillir pour bien se convaincre qu'il s'agit de la société que nous avons sous les yeux, de la civilisation moderne, et non pas de Rome et de Sparte. C'est bien de ce siècle que parle M. de La Mennais, de ce siècle où tous les pouvoirs sont si fortement imprégnés de démocratie, où la presse exerce un contrôle si étendu, et pénètre avec ses mille regards dans tous les détails de l'administration de la fortune publique et de la justice, où la publicité est la sauve-garde de la liberté, car le moindre citoyen dont les droits sont blessés, a dans le Journal un vengeur officiel et retentissant. Singulier siècle d'esclavage! Toute l'erreur de M. de La Mennais consiste en ceci : il prend pour l'esclavage la pauvreté, fait d'une trop grande évidence, fait malheureusement indestructible, et, sous le coup de cette méprise, il dirige contre la société moderne un acte d'accusation qui frappe toutes les sociétés humaines passées et futures.

L'orateur qui doit se surveiller avec le plus d'attention et exercer sur ses paroles la critique la plus sévère, est celui qui s'adresse à l'auditoire le plus impressionnable et le moins capable de le contredire. C'est dans ce sens, qu'au dire de la sagesse latine, un grand respect est dû à l'enfance. Ce respect qu'on doit à l'enfance, pour le même motif on le doit au peuple. Un livre à l'usage du peuple ne doit pas être jugé abstraitement, il doit l'être surtout dans ses résultats. Mais l'excitation fébrile qui s'est emparée de M. de La Mennais, et le pousse sans cesse en avant, ne lui permet pas de considérer la portée de sa parole. Lorsque J.-J. Rousseau eut un jour la fantaisie singulière de signer un de ses écrits : *J.-J. Rousseau jusqu'à ce jour, homme civilisé et citoyen de Genève, mais maintenant orang-outang*, il commettait une boutade originale; on peut bien pardonner un accès de mauvaise humeur à un homme malheureux, un moment d'amère ironie à un grand artiste; Jean-Jacques ne faisait pas alors du dogmatisme politique; il ne catéchisait point le peuple. M. de La Mennais, au contraire, dans les petites brochures à un prix modique qui sont répandues par milliers dans les ateliers, les mansardes et les chaumières, s'établit l'instituteur du peuple, bien plus, il aspire à en être l'apôtre ; dans cette haute et grave mission qu'il s'arroge, les fantaisies poétiques sont sévèrement interdites ; il devrait être saisi d'un continuel scrupule, et trembler à chaque instant de ne pas parler un langage assez modéré. L'orateur dépend de sa chaire; la responsabilité est en raison directe de l'auditoire. Celui qui s'adresse à d'opulens oisifs, à des esprits sceptiques, à des cœurs blasés, a le champ libre, et peut donner carrière à son imagination ; mais combien doit se tenir en garde contre lui-même, celui qui parle à des êtres souffrans, et par conséquent irritables, pauvres, et par conséquent envieux, ignorans, et par conséquent crédules; celui qui peut comparer sa parole au feu, et son auditoire à une matière inflammable!

M. de La Mennais ne dépend pas de sa chaire; il ne tient pas compte de son auditoire. Lorsqu'après s'être long-temps agité dans les profondeurs orageuses de sa conscience, il est arrivé à une conviction, cette conviction s'empare de lui tout entier, et le domine si complètement, qu'il n'aperçoit plus que son idéal. Ce fougueux artiste en matière politique, sans rien voir derrière ou devant lui, se met sans relâche à la poursuite de sa redoutable chimère. Il va, il va toujours, sans s'inquiéter des conséquences. Eh! sait-il où peuvent aboutir ses enseignemens? Il me semble qu'il n'est pas difficile de l'enfermer dans ce dilemme: Ou M. de La Mennais, qui soutient que le peuple est esclave, que le riche le pressure, et que les biens qu'on lui a ravis si injustement, il ne les obtiendra que par la violence, veut que le peuple opprimé se lève, et alors il appelle la guerre civile et le saccagement de la société; ou il ne veut pas que le sang soit répandu, il est chrétien; il ne fait pas d'appel à la force, et alors lui, l'ami du peuple, augmente son malheur, en le lui mettant ironiquement sous les yeux, en lui disant sur tous les tons qu'il ne comprend pas que les plus nombreux soient les esclaves, et les plus forts les humiliés. En somme, et sans considérer l'intention, n'est-il pas de la dernière évidence que des livres où l'on ne parle au peuple que de son malheur et de sa force, sont plutôt des excitations à la révolte qu'au travail, et que les clubs y gagnent plus que les ateliers? Je sais bien qu'après avoir longuement parlé des droits, M. de La Mennais parle un peu des devoirs; mais on n'ignore pas que la passion prend dans un livre ce qui lui plaît, et laisse le reste, surtout lorsque les idées qui la flattent dominent, et que les autres sont un simple correctif que l'auteur a placé là pour s'acquitter envers sa conscience. Ce correctif, M. de La Mennais ne l'oublie jamais, rendons-lui cette justice; mais remarquons avec douleur qu'à mesure que ce tribun poursuit sa course haletante, le correctif devient de plus en plus faible. Le droit empiète peu à peu sur le devoir. Les trois ou quatre pages consacrées au devoir dans *l'Esclavage moderne,* se perdent dans l'ensemble, passent inaperçues, et sont, au milieu de toutes ces déclamations démagogiques, comme un filet d'eau dans un courant.

M. de La Mennais bondirait d'indignation, si on le supposait capable d'une flatterie envers un roi; il ne laisse pas échapper une occasion de marquer d'un brûlant stigmate le front des flatteurs de cour; mais s'il flétrit ceux qui s'abaissent à courtiser un homme, il ne craint pas de courtiser une foule. Il est cependant un point par lequel tous les courtisans se ressemblent : ils sont également en dehors de la vérité. Cet homme de cour. qui montrait à un héritier présomptif les flots de peuple qui se pressaient sous les fenêtres de son palais, lui disant : « Monseigneur, tout ce peuple vous appartient, » comme le prouva si bien 89, était aussi vrai que ce tribun enthousiaste qui s'écrie : « Ce que le peuple veut, Dieu lui-même le veut, car ce que veut le peuple, c'est la justice, c'est l'ordre essentiel, éternel, » comme l'a si bien prouvé 93.

On voit que M. de La Mennais manie aussi bien la flatterie que l'invective, et le malheur veut qu'il ne garde jamais la mesure, et qu'il aille toujours à l'un de ces extrêmes. Son dernier écrit en est une preuve bien frappante; c'est une suite d'invectives et de flatteries; tout prolétaire est un saint martyr; tout ce qui n'est pas prolétaire, sous la plume de M. de La Mennais, se change en despote.

Puisque M. de La Mennais était en verve, et qu'il faisait si bien leur procès à des despotes imaginaires, il eût bien pu, ce me semble, par la même occasion, dire son fait à un despotisme qui n'est que trop réel : je veux parler du despotisme que les partis

7

exercent sur les leurs. Il aurait pu dire, sans exagération cette fois, que les partis sont de rudes maîtres, sans entrailles, à qui il faut se donner corps et âme, et qui ne se gênent guère pour vous imposer les plus rudes sacrifices, comme, par exemple, pour contraindre un écrivain jusque-là logicien remarquable, à manquer entièrement de logique. Il aurait pu dire que si, malgré sa fierté, on se soumet sans murmure à cette tyrannie, c'est que la liberté qu'ils vous confisquent, les partis vous la paient en succès, et que le succès tient lieu de tout aux yeux de l'orgueil. M. de La Mennais n'a pas écrit cette page, il a mieux aimé fournir un exemple de plus de cette tyrannie redoutable; car, je ne me persuaderai jamais que s'il eût joui de sa liberté, il eût, avec sa puissance de logique, abouti à la conclusion de son livre. Conclusion étrange! Dans tout le cours de l'écrit, M. de La Mennais, grossissant les malheurs du peuple et ses droits, se lamente d'abord comme Jérémie, pour pousser ensuite le cri de colère de Spartacus. Et qui croirait que les lamentations du prophète et les cris de révolte de l'esclave viennent aboutir à la réforme électorale! Oui, telle est la conclusion de M. de La Mennais. Il a posé de foudroyantes prémisses; se croit-il libre d'en tirer une conséquence à son gré? Pour juger sa thèse, essayons de la mettre en action; l'action est la meilleure pierre de touche d'un raisonnement.

(Une foule d'ouvriers, hommes, femmes, enfans sans travail, encombrent la place publique. Une sourde colère fermente dans le cœur de cette multitude. Un citoyen, l'œil en feu, le geste violent, monte sur une borne et s'écrie) :

Le citoyen (1). — Peuple! peuple! réveille-toi enfin!

(1) Tout ce que dit le citoyen est copié textuellement dans l'*Esclavage moderne*.

Tous. — Oui! oui! réveillons-nous!

Le citoyen. — Esclaves, levez-vous, rompez vos fers! ne souffrez pas qu'on dégrade plus long-temps en vous le nom d'homme!

Tous. — Non, nous ne le souffrirons pas!

Le citoyen. — Voudriez-vous qu'un jour, meurtris par les fers que vous leur aurez légués, vos enfans disent : « Nos pères ont été plus lâches que les esclaves romains ; parmi eux, il ne s'est pas rencontré de Spartacus! »

(Effroyable tumulte; furieux, le peuple se précipite.)

Le citoyen. — Attendez! attendez! Sachez bien qu'à aucune époque, il n'y a de possible que ce qui est mûr dans les esprits ; on ne saurait faire abstraction du temps, et de ce que le temps apporte avec soi. Il n'y a de possible aujourd'hui que la réforme électorale. Allons signer la pétition pour la réforme chez M. Dupont, ou chez M. Martin. »

Mais M. de La Mennais sait-il bien quels auditeurs recueillent ses paroles? Ses auditeurs sont la colère et la faim. Or, la colère n'admet pas les atermoiemens; la faim ne se contente pas d'une pétition. Orateur, ce peuple que vous venez de déchaîner est un élément; vous croyez-vous aussi puissant que Neptune, et vous imaginez-vous que pour apaiser la tempête, il suffira de votre *quos ego?*

Le Coriolan de Shakespeare s'ouvre par une scène d'un sens bien profond, qui sera éternellement vraie, et que M. de La Mennais fera bien de méditer. Le boucher de Stratford, qui a si souvent sondé la nature humaine à des profondeurs inconnues, doit surtout être cru quand il parle du peuple.

(La scène est dans une rue de Rome. Une foule de plébéiens mutinés paraissent armés de bâtons et de massues.)

Un citoyen. — Avant d'aller plus loin, écoutez-moi vous parler.

Tous. — Parlez ! parlez !

Le citoyen. — Êtes-vous bien résolus à mourir, plutôt que de souffrir la faim ?

Tous. — Oui ! résolus ! résolus !

Le citoyen. — Eh bien ! vous savez que Caïus-Marcius est le plus grand ennemi du peuple.

Tous. — Nous le savons ! nous le savons !

Le citoyen. — Tuons-le, et nous aurons le blé au prix que nous voudrons. Est-ce une chose arrêtée ?

Tous. — Oui, n'en parlons plus ; courons l'exécuter ! »

Voilà qui est logique, peuple et orateur ; et si M. de La Mennais ne veut pas en croire l'imagination de Shakespeare, qu'il se souvienne de ce qui s'est passé il y a à peine quelques mois. La retraite où il cache son génie n'est pas si profonde, qu'il n'ait entendu les fusillades de mai. Ceux qui tuaient alors et se faisaient tuer dans les rues de Paris, étaient ces Spartacus auxquels il dit éloquemment : « Levez-vous ! » mais qui, une fois debout, sont poussés en avant par une force de logique qu'il ne leur suppose pas.

Aux fruits vous connaissez l'œuvre. Autrefois, l'auteur de l'*Essai* avait pour disciples, loin du monde, toute cette jeunesse mystique, nourrie de l'Évangile qu'elle doit prêcher un jour, et, dans le monde, une bonne partie de la jeunesse studieuse, passionnée pour les luttes de l'intelligence. Aujourd'hui, le lendemain des sanglantes émeutes, que trouve-t-on au domicile des révoltés? On trouve, à côté de la poudre et des balles, des volumes de Saint-Just, de Camille Desmoulins, de La Mennais : l'effet à côté de la cause!

Je pourrais, dans le livre de M. de La Mennais, relever d'autres erreurs et d'autres inconséquences que celles que j'ai signalées; mais je crois en avoir assez dit pour démontrer, comme je le disais en commençant, que cette âme honnête donne les plus funestes conseils, que cette vaste intelligence soutient l'absurde. En parlant du *Livre du Peuple*, je faisais remarquer, il y a deux ans, que malgré l'aveuglement profond de son esprit, M. de La Mennais, comme écrivain, restait dans sa force. Quoique sa plume semble avoir un peu fléchi, on peut dire que son style n'est pas de connivence avec ses idées, et qu'il conserve son originalité et sa grandeur d'autrefois. Il y a certains talens supérieurs qui, au moment de la décadence, pour faire illusion aux autres, et peut-être pour se tromper eux-mêmes, se jettent dans des enthousiasmes factices qui sont l'exagération de la faiblesse; il n'y a plus rien à espérer de ces talens. Pour se rajeunir, ils ont eu recours à de violens remèdes qui ont hâté leur décrépitude. Mais les exagérations de l'auteur des *Paroles d'un Croyant, du Livre du Peuple, de l'Esclavage moderne*, sont le produit de la force ; malgré les années, il péche encore par trop de sève. D'un homme ainsi trempé, quels que soient les écarts de son imagination, on peut toujours beaucoup attendre.

Je ne puis croire que M. de La Mennais soit condamné à toujours prêcher de désastreuses doctrines, de redoutables sophismes ; il sera ramené sur lui-même. On espérait que les crimes de mai auraient ouvert ses yeux ; il n'en a point été ainsi. Ce que n'ont pu faire les fusillades de mai, ce que ne feraient aujourd'hui ni les violences, ni la ruse, ni les prières, quelque évènement bien simple le fera peut-être. Une promenade, un mot dans une lecture, un hasard, ont souvent éclairé comme d'une grande et subite lumière, l'homme qui s'égarait avec le plus d'obstination et d'orgueil. Mais ce simple évènement, qui semble miraculeux, n'est qu'une cause apparente ; lorsque la vérité dort dans une âme, elle se réveille d'elle-même à son heure.

FIN.

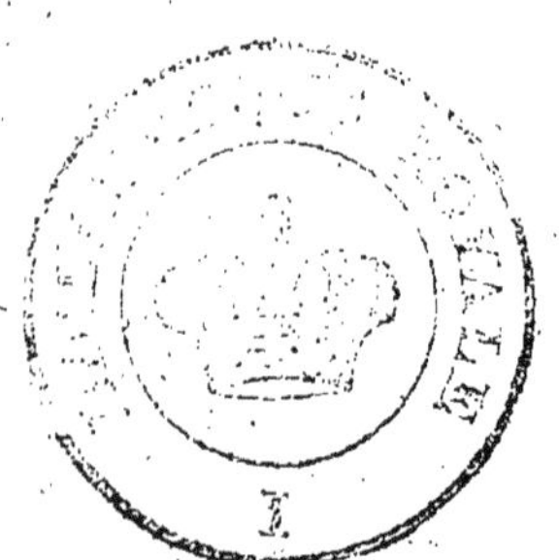

www.ingramcontent.com/pod-product-compliance
Ingram Content Group UK Ltd.
Pitfield, Milton Keynes, MK11 3LW, UK
UKHW021109200726
13857UKWH00003B/1144